Noite Ilustrada

Thedy Corrêa

Noite Ilustrada

BelasLetras

© 2014 by Thedy Corrêa

Editor
Gustavo Guertler

Assistente editorial
Manoela Prusch Pereira

Revisão
Equipe Belas-Letras

Projeto gráfico
Celso Orlandin Jr.

Capa
Rafael Albuquerque

Dados Internacionais de Catalogação na Fonte (CIP)
Biblioteca Pública Municipal Dr. Demetrio Niederauer
Caxias do Sul, RS

C824	Corrêa, Thedy Noite ilustrada / Thedy Corrêa. Caxias do Sul, RS: Belas-Letras, 2014. 132 p., 21 cm. ISBN 978-85-8174-161-1 1. Poesia brasileira. 2. Música. I. Título
14/31	CDU: 869.0(81)-1

Catalogação elaborada por
Cássio Felipe Immig, CRB-10/1852

Grafia atualizada segundo o Acordo Ortográfico da Língua Portuguesa de 1990, que entrou em vigor no Brasil em 2009.

IMPRESSO NO BRASIL

[2014]
Todos os direitos desta edição reservados à
EDITORA BELAS-LETRAS LTDA.
Rua Coronel Camisão, 167
Cep: 95020-420 – Caxias do Sul – RS
Fone: (54) 3025.3888 – www.belasletras.com.br

*Dedicado à memória
de minha mãe.*

Prefácio

Tem horas em que a gente conversa com a gente mesmo. Mas esses momentos são cada vez mais raros. Talvez pudéssemos nos autorizar essa conversa. Mas dizer algo para si mesmo, num tempo em que ninguém escuta nem mesmo o outro, tem algo de estranho. Nesse tempo em que não se escuta o outro, também desapareceu o desejo de escutar a si próprio.

Talvez tenhamos realmente perdido a dimensão do diálogo. E, com ela, a do diálogo interior. Não conversamos mais uns com os outros e não conversamos com nós mesmos. E, no entanto, a gente fala e fala muito. Mas quem se pergunta se há realmente algo a se dizer? Parece que não temos nada a dizer. Talvez, ao contrário, haja muito a se dizer. Mas quem se autoriza a dizer com a força desse dizer sincero do qual temos tanto medo? Justamente por isso, talvez, o nosso silêncio surja no instante exato em que se tem algo muito importante a dizer. Talvez haja algo ainda mais importante a ser dito quando o vazio geral, essa sensação de que a vida não vale o seu absurdo, parece ter se tornado uma lei.

Pensei nisso ao ler *Noite Ilustrada*. Pensei que Thedy Corrêa, com cuja canção, com cuja linda voz nós nos acostumamos a viver, tinha escrito um livro em que, falando com ele mesmo, ele falava com a gente. E o que ele dizia? Cada um vai entender como quiser, mas eu entendi que ele dizia, a cada poema, que estamos dentro da nossa ilusão, da nossa atenção e do nosso medo, e que é preciso parar para pensar nisso tudo, nisso que é a nossa percepção diária da vida. E na vida, quando ela é noite.

No livro, essa ilusão, essa atenção e esse medo se traduzem como insônia. A insônia é uma relação com a noite, mas uma relação consigo mesmo dentro da noite. A insônia é o lugar de um diálogo. Daí a *Noite Ilustrada*. Quando "*não há nada/ para ver/ nem um salto/ nem um susto*", quando se sabe que tantas vezes é preciso ter paciência, cancelar, desistir, apagar e, no entanto, isso é impossível. É isso o que a insônia diz, que é preciso paciência com aquilo que não pode ser fechado, trancado, guardado, apagado ou esquecido.

Noite Ilustrada é um livro inteiro. Um livro que vai até o fim buscando a coerência daquilo a que ele se propõe. A poesia deste livro é quase uma prosa. Na verdade, é uma prosa. É uma poesia despreocupada em ser bonita ou em ser especializada, ou em fazer a frase de efeito que, infelizmente, torna o ato radical de dizer um jogo nem sempre sincero. *Noite Ilustrada* tem um desencantamento que se propõe desencantado mesmo. Uma sinceridade, uma confissão que, ao mesmo tempo, busca honestamente se inventar. Inventar sua expressão pelas impressões, esse brinquedo construído entre afetos e palavras, que a noite produz.

Embora se possa ver que cada um desses poemas-textos poderia ser uma canção, eles são também histórias. Contam algo para alguém. Quem conhece um pouco do Thedy Corrêa sabe que ele adora quadrinhos. Todos esses poemas poderiam virar sequências animadas. Há uma veia de roteiro nessas *storyboards* poéticas. Como em *Sopro de estrelas,* em que o barulho do sapato é a música noturna, ou em *Sapatos,* quando ficamos pensando se tudo foi sonho ou se seria realidade. Ou como em *Vampiro*, uma brincadeira com o personagem de Rafael Albuquerque. Ou como em *Ironia*, narrativa de um evento sincrônico em que um filme traria a cura para a insônia, o que temos são narrativas que enfrentam o caráter fragmentário e incompleto de toda história, coisa que a canção sempre preservou. Do mesmo modo, em *A porta embriagada*, uma espécie de diabo pessoal entra em cena, ou em *Paul*, quando se pode imaginar Paul McCartney mostrando suas canções a John Lennon, sabemos que a imaginação narra algo que importa ao autor. Do mesmo modo, em *Isadora e seu cão*, em *Necessidade* – um retrato de Zé Adão Barbosa – a narrativa fala sempre alto e assim até o fim do livro. Mas a veia da canção, esse pano de fundo bem esticado para conceber o texto, casa bem com a poesia, como em *Iníciofim*, como em *Pobre céu* ou *Coffea cruda*. Em *Clichê vulgar*, no entanto, o clichê se regenera e se nega. Não é possível deixar de lado uma ideia tão simples quanto perfeita: *que a queda/ eu prefiro chamar/ de amor.*

Ao mesmo tempo, a dimensão narrativa e a poética combinam até a indiferença, como em *Calortango,* ou na história de Gala e Dalí. E sem que os poemas se tornem em momento algum um simples exercício de estilo, a coesão permanece. O fluxo da fala foi em todos os casos preservado e combina com esse diálogo interior que a gente tem com a gente mesmo, quando dá tempo – quando damos a nós mesmos um tempo. Quando não fomos devorados pelo vazio ao nosso redor. Quando a noite é ilustrada.

Noite Ilustrada é para ler e passar a noite conversando com o Thedy ou conversando sozinho com a gente mesmo. Em qualquer dos casos, estaremos bem acompanhados.

Marcia Tiburi

Índice

amanhã 15
gira 19
defeito 22
sopro de estrelas 25
vampiro 29
iníciofim 33
quase um sonho 36
zzzzzzzzzzzzz kabum 40
ironia 43
passarinho 45
se você me ligar 47
paul 52
raios e trovões 56
seria perfeito 58
sapatos 61
isadora e seu cão 64
melhor amiga 67
pobre céu 69
coffea cruda 71

de trás para a frente 74
cinco anos 77
enquanto isso, em liverpool 79
calortango 83
piedade 87
as leis da física 89
olhos esbugalhados de dalí 91
última estação 94
clichê vulgar 96
a reinvenção do mundo 99
caso raro 101
perfeita companhia 103
no campo 104
na cidade 105
a porta embriagada 106
mãe à espera 111
necessidade 115
um pedido 119
parque de diversões 121
brasília 124
praia 126

Noite Ilustrada

amanhã

agora eu vou deitar
e penso
      amanhã
eu tenho tanto para fazer
            amanhã
eu tenho tantos
lugares para ir
      amanhã
eu tenho tanto
o que dizer
tenho muito
o que conversar
      amanhã
eu vou querer
te encontrar
olhar nos olhos
e te fazer acreditar
que daqui para frente
eu vou melhorar
pura verdade!
pode crer!

        amanhã
eu tenho tanto
que trabalhar
eu tenho muito
o que conquistar

agora eu penso
           amanhã
eu tenho rodas
para girar

      amanhã
eu tenho curvas
eu tenho retas
         amanhã
eu tenho ideias
eu tenho metas
          amanhã
eu quero ser
uma pessoa
inquieta

         amanhã
eu tenho tanto
o que brigar
pra conseguir
manter meu espaço
          amanhã
quero fazer o
que eu sempre passo

           amanhã
eu quero ir
aonde eu nunca fui
e conhecer
um pouco mais
de mim
           amanhã
quero amigos
para encontrar
           amanhã
quero estranhos
para descobrir
           amanhã
eu quero bússolas
para me perder
e quero um norte
para ser feliz

           amanhã
eu tenho tanto
o que organizar
arrumar
colocar
no lugar certo
em ordem cronológica
ordem alfabética
escalas de valores
turnos
etapas

eu tenho tanto
        amanhã
que revisar
de forma crescente
olhar para trás
de um jeito decente
              amanhã
                        amanhã
                                amanhã
                            acaba de chegar

amanhã
quero deitar
e dormir
se eu conseguir

gira

gira
do ônibus a roda
fica
escura a noite lá fora
longe
é longa a viagem
luzes
sem paisagem agora

cada quilômetro na estrada
correm arbustos e placas
as estrelas permanecem paradas
enquanto conto as portas das casas

calculo
o tamanho do céu
a cor
exata e a forma
ouço
o rádio de alguém
agora
ele me embala e assombra

um gordo jovem ronca alto
ninguém parece se importar
entre o campo e o asfalto
mais um segredo pra guardar

espero
por algo que não vem
a noite
avança sobre mim
as rodas
sérias seguem girando
paralelas
num desencontro sem fim

queria saber um jeito
disso tudo parar
mas meus olhos curiosos
se negam
são mais duas janelas
a vasculhar
caminhos e luzes
aonde vão nos levar?

assim,
desperto
eu sigo adiante
gira
a vida imensa lá fora
as luzes
viraram fantasmas à frente
melancolia
não mais me consola

defeito

a insônia me assombra
mais um
entre meus tantos defeitos

não sei se é caso
para médico
homeopatia
meditação
simpatia

ou psiquiatria

e para essas tantas dúvidas
a noite
não é boa conselheira
ela não alivia
ela pesa
escancara
derrota

já pensei até em
dormir de sapatos
sem cadarços
estender o cansaço
de um longo dia
que não quer
não deseja
findar
resiste em
se entregar

quem sabe exista
um truque
um subterfúgio
para enganar o corpo
fraco
que nada decide
e também insiste
em não se entregar
nessa queda de braço
de pálpebras cansadas

a carcaça repousa
a mente se agita
desafia a sabedoria
parece infinita a
lenta agonia que
abala o espírito
enlouquece
convulsiona
aprisiona na
cruel rotina

todas as noites
a cabeça aterrissa
no travesseiro macio
os olhos se fecham
escuro
os olhos se abrem

fecham

abrem

permanecem abertos

não há nada
para ver
nem um salto
nem um susto
um suspiro
e a luta reinicia
outra vez
dia após dia
após dia
pós dia
os dias
duros
durante as noites

lençóis de seda e melancolia
insônia
ânsia
de sono

sopro de estrelas

quase silêncio

a cidade e seus sons
dão uma trégua
quase paz
quase silêncio

ao longe se escuta
uma nota aguda
e logo se identifica
uma melodia

alguém caminha
na madrugada
assovia

sempre imagino
assovia na madrugada
usa sapatos sonoros
mãos nos bolsos
num passo suave
quase uma dança
não passa apenas
desliza
e se aproxima

agora sim
ouço o   tak ta tak ta tak
salto do sapato
eu estava
certo
          tak ta tak ta tak tak

a música eu não conheço
mas é familiar
como toda a música de assoviar
a sequência das notas
a nostalgia
que inspira

é a melodia de uma
antiga canção
de assoviar na madrugada
enquanto caminha na rua
sozinho
indefeso
imagino
sem medo

isso sim é coisa antiga:
não ter medo
daí a nostalgia
do som que ecoa
nas paredes dos prédios
até parece que flutua
sobe e sonha em
alcançar as estrelas
quebrando o silêncio
sereno
do céu

tak ta   tak   ta   tak   ta   t   a   k

a melodia se afasta
não sei para onde
não sei para longe
entre as ruas
(ou talvez para cima)
até ser engolida
pelos sons da cidade

   uma moto
      sem surrrrrrrrrrrrrrrrrrrdina

acabou a trégua

vampiro

dentes proeminentes
não está mais sedento
em busca
em surto de sangue
a sede está saciada
o escuro o espera
enquanto o sol nasce
ainda distante
a tampa do caixão se fecha
mas o sono e o descanso
não avançam
nada acontece

e agora?

a insônia é uma febre
e as veias latejantes
não suportam
a excitação que o impele
o desconforto ali adiante
e o pouco espaço
de sempre e de hoje
parece ainda menor
nesse momento
nesse claustrofóbico
insone instante
sem um livro para ler
sem poder se virar
aqui jaz

e agora?

o que faz?

contar carneirinhos?
nem pensar!
só faz despertar outra vez
a sede aplacada com tanto custo
na caçada da noite
'inda agora acabada
em algum pescoço
comprido e fino
em mais uma vítima
inocente e descuidada

ah! a insuportável maldição
de um recém mordido
que a transformação
e todo poder
recém adquirido
não soluciona
a triste insônia
do que era antes um homem mortal
e agora é um eterno vampiro

e segue o sol
alto implacável
brilho nocivo

quem sabe se ele
ainda lembrando
do humano menino
de um tempo antigo
se já não lhe servem
mais os carneiros
começasse então
a contar
morceguinhos?

iníciofim

nunca

 senti culpa
 senti medo
 cheguei perto
 cheguei cedo

 pedi   perdão
 fugi   sozinho
 busquei razão
 pedi   carinho

 senti todo peso
 perdi meu caminho
 corri em desespero
 parei no precipício

nem mais um   passo
sem um novo vício
isso é   só + 1 pedaço
de fim que já foi

      início

bola bombardino
bisonha criatura
das órbitas
quase saltam
quase quicam
vasculham o infinito
como se mirassem
o mundo
visão de raio-x
antes fosse
antes fechassem
frisados paralisados
imóveis tal congelados
parecem impressos
tatuados
falsos
traidores
renegados olhos

risco fino semiabertos
tristes parados
profundos
vagam como perdidos
buscam desamparados
o sossego devido
vasculham o infinito
como se contemplassem
o vazio
míopes abatidos
avermelhados
soldados noturnos
solitários
prisioneiros feridos
na longa batalha
no longo dia
olhos amargurados
machucados
pela luz inclemente

quase um sonho

naquele momento
um exato instante
um quase sonho
me senti distante
de fato
não era bem um sentir

talvez não fosse eu
talvez fosse sobre mim

mas sim
era quase um sonho

ouvia vozes no escuro
me descobria afastava os lençóis
nem aqui   nem além

na terra
entre o sono
e a vigília
no tempo
nem cá nem lá

no espaço
         flutuando

estranho

ouvia vozes
imóvel
inerte
queria gritar
queria
mas não conseguia
a voz não saía
clichê dos pesadelos
a paralisia

mas era um quase
                    sonho

agora:

nem lá nem além
ninguém me chama
ou me acode
socorre ou
desamarra
os nós
ninguém me solta
dos longos braços
do homem de areia

me desespero

desperto!
de lá me vem
o som
quase uma voz
um gemido breve

um gato socorre
mia
arranha o vidro
mas eu não o vejo
eu não o encontro
então percebo
o meu engano
e assim me lembro
do quase sonho:

um siamês
bichano
que me assombrava
dizendo meu nome

zzzzzzzzzzzzzz kabum

para dormir levei um tempão
para acordar apenas um instante
dominei o medo de trovão
mas sucumbi ao vento insistente

as janelas se juravam bem fechadas
mas uma tempestade não desiste assim
batucadas e batidas na vidraça molhada
uma escola de samba um enredo sem fim

lúgrube o uivo do vento assustador
sinfonia do sono trilha sonora
a lembrança dos filmes de horror
adiava meu descanso hora após hora
                                      após hora
                                        após hora

uma trégua! um momento de silêncio
e a guilhotina dos olhos se fecha pesada
um deleite que eu bem merecia!
se chuva tivesse boca eu ouviria sua risada
                                      agora

voltou! com fúria e desprezo
abriu as janelas com força
lançou meu corpo em um abismo
que cai quem de susto desperta

evitando o choque das gotas frias
perturbado, com pressa e aflição
fechei as janelas, trancas e cortinas
e voltei ao conforto quente do colchão

acho que o sono sentiu pena de mim
solidário veio me fazer companhia
medrosos nós dois nos abraçamos
e cobertos da cabeça aos pés
                    dormimos

até o nascer do sol
até o raiar do dia
o resto
é chuva
e poesia

ironia

um dos mais longos filmes já feitos
tem como único ator um poeta
sem papel sem roteiro nem trama
nenhum carro explodindo
ou monstros invadindo a cidade
apenas o poeta em cena
lendo o seu extenso poema
exatas quatro mil e oitenta páginas

ele, sua voz e a poesia
por oitenta e sete horas seguidas
havia algum heavy metal
alguma pornografia
breves interferências que
a leitura interrompiam
de resto era o poeta
e sua voz insistente

a projeção aconteceu
em cinemas de arte
ou galerias
um desafio para quem assistia

talvez na vigésima quinta hora
alguém que tombasse a cabeça
e os olhos fechasse
com certeza dormiria e assim
a voz do poeta a conduziria
ao sono profundo
a uma viagem
a outro mundo transportaria

e nesse momento o poeta
não se ofenderia
pelo contrário
seu desejo se realizaria
pois o filme se chama
(seria uma ironia?)
a cura para a insônia*

* *O filme existe de fato. Foi realizado em 1987. O poema veio primeiro. O diretor John Timmis IV aproveitou sua gigantesca extensão e convidou seu autor, Lee Groban (1947-2011), a lê-lo em cena. Na verdade se tratava de um experimento que se propunha a reprogramar o relógio biológico dos insones.*

passarinho

ouço um passarinho
ele canta não sei onde
apenas sei que passa das 5
e às 6 e meia
o despertador vai gritar

canta
o passarinho lá fora
perdi
fui derrotado
não tenho mais tempo
talvez
no máximo uma hora
raiva
de mim mesmo

aos pulos o coração
cavalo xucro
não fui capaz
de entregar meu corpo
ao descanso

gritar
uma vontade
que me agita
que me afasta ainda mais
da alma serena
da cabeça tranquila

o raiar do dia
aquela cantoria
alegria da vida
para qualquer um
menos para mim
naquele momento
um passarinho pesa
me aperta o peito

se você me ligar

provável que eu
não atenda
posso estar dormindo
me divertindo
entre travesseiros
e os mais lindos sonhos que
quando acordar
não vou lembrar
é sempre assim
dizem
quem não lembra
de seus sonhos
não é feliz

se você insistir
em me chamar
vou me transformar
em seu inimigo
vou te odiar
no meu íntimo
e buscar abrigo
no mais longínquo
mundo de você
sem telefone sem campainha
ou porta para bater

estou agora em outra dimensão
depois de um longo dia
que prometia uma noite
agitada e cheia de preocupação
mas ao contrário!
me invadiu a serenidade
de uma rua quieta
e mal iluminada
a alma silenciosa
decantada e submissa
ao corpo pesado

seria preciso muito
para me remover daqui
e me extrair do estado
de animação suspensa
de pretensa paralisia
ao qual me entreguei
naturalmente
e de boa vontade

há muito
já passou o tempo
de minha infância
quando ia dormir
bem cedo
pois era assim obrigado
e ficava deitado
ouvindo os ruídos da casa
dos pais e irmãos mais velhos
ainda acordados
e o sono
esse malvado
fazia escárnio
e se divertia
demorando o mais que podia
para chegar em minha cama
e alcançar minha inocente
cabeça de criancinha

por isso hoje
esta relação
é tão estranha para mim
pois justo aquele
que me atormentava
que me era imposto
às dez da noite
ou até bem antes
para minha tristeza
e certo desespero

é justo ele
que hoje eu espero
de braços abertos
sereno
com um leve torpor
e certa excitação
de quem não vê a hora
de se entregar

confesso minha preguiça
e a dificuldade imensa
de todos os dias
sair da cama
levantar
sem ter a agridoce
sensação de abandono
ou traição
do companheiro de infância

paul

a inspiração tem seus sintomas
uma inquietude inexplicável
que quase convulsiona
o coração que palpita
descompassado
um pensamento que foge
imaginação que bate asas
até de boca seca já ouvi falar

ele já tinha passado por tudo isso
sentiu sede
acordou no meio da madrugada com ela
foi até a cozinha e a saciou
na volta fechou a janela
uma fresta por onde o vento cantava
foi aí que tudo começou

primeiro veio um trecho da letra
depois um suspiro de melodia
uma linda ideia que escaparia
não fosse ele um sujeito experiente
e conhecedor das artimanhas da inspiração

com um velho e surrado gravador registrou
a letra em pedaços em rimas esparsas
a melodia completa verso por verso
passando pela ponte até o refrão
na hora de gravar ajustou o que faltava
e com o que restava de imagens
ficou pronta mais uma canção

voltou para a cama satisfeito
feliz com o objetivo atingido
com o jeito que tudo se encaixava
com o arranjo que seria natural e sem maneirismos

mas então por que o coração ainda palpitava?
Por que ainda lhe apertava o peito?
a respiração interrompia como se um restinho de canção
se mantivesse escondido n'algum canto da cabeça
a inquietude persistia e assombrava

lentamente ele começou a identificar
o que naquele momento acontecia
era um sentimento antigo e profundo
já há muito adormecido mas
que ele jamais esquecia
e com essa lembrança surgiu
uma crescente sensação de vazio

o que parecia ser mais uma dor da inspiração
um sintoma de algo lindo e poético
que ainda estava por brotar do piano ou do violão
ele agora entendia e lembrava com perfeição

era um costume
há muito perdido
um hábito
que o fez abandonar o destino
um ritual
mais que um método de ofício

era mal esperar nascer o dia
e logo cedo
ir ansioso mostrar
o que na noite anterior
ele havia produzido

mostrar para alguém
que era mais que um parceiro
era o seu melhor amigo
então eles tomariam chá e ele cantaria
para no final repetir a pergunta de sempre
o que podemos fazer com essa, John?

raios e trovões

no avião
no céu
logo abaixo
tempestade
raios e trovões
turbulência
e uma estranha sensação

todos olham
através das janelas
sem som
só o clarão
o que mais se pode fazer?
para onde mais se pode voar?

voar é fácil
difícil é fazer
você tirar
os pés do chão

no chão
do seu lado
abraçado
beijos com emoção
serenidade
melancolia
e uma estranha descompaixão

você olha
através do céu
vem o som
um trovão
o que mais se pode fazer?
para onde mais se pode voar?

seria perfeito

por que você não está aqui agora?
seria perfeito
aproveitar este momento
neste silêncio
quando minha vida
parece adormecida
lenta
quase parada
     menos distraída

durante o dia não tenho tempo
para suas perguntas
não consigo dar a devida atenção
aos seus medos
não compreendo claramente
os seus desejos
     eu não ligo
     não vejo
     percebo
     decifro
     eu sou apenas não

você
ao contrário
decidida se esforça e me busca
me procura
me encontra e resgata
para só então me perder
outra vez
em um telefonema
um compromisso inadiável
inabalável vou
a outro encontro de trabalho
e você se dá
ao trabalho
de me perdoar
e vai para casa sozinha
cansada de me esperar
aturar

por que você não vem aqui agora?
de madrugada
cruzando as ruas
queimando asfalto
e aproveita este momento
quando estou sem sono
sem esta maldita pressa

aproveite

pergunte tudo
me conte histórias
percorra meu cabelo
com a ponta de seus dedos
me faça sentir inteiro
me mostre o verdadeiro
sentido de meus erros
e mesmo que pareça
que estou acomodado
aqui
apenas te esperando
o fato é que eu me perco
de tudo
me afasto de você
e a vida vai passando
se esvaindo
correndo e
apenas parecendo
que esta é uma vida

normal.

sapatos

ela tirou a roupa toda
ele sacou apenas os sapatos
ela deitou na cama
à espera dele
ele sentou no chão em pânico
à espera de um milagre

ela entendeu e sorriu
acabou adormecendo
ele ficou perplexo
dúvidas e tormentos
atravessaram a madrugada

ela despertou linda
apenas calçou os sapatos
ele era um tapete
enrugado ainda no chão
ela caminhou
até o banheiro
dali ao armário
às roupas
então à rua

ele despertou amargo
sem ânimo para levantar
mirava seus próprios sapatos
à altura dos olhos
cuidadosamente colocados
sob a cama
onde ela
não mais estava

isadora e seu cão

sentada na frente
da televisão
à noite atravessava
a escuridão
as vozes sem resposta
sua solidão
o controle remoto da vida
em sua mão
desliga a claridade e mergulha
no silêncio

isadora e seu cão
deitada
olhos mirando o teto
enxerga apenas escuridão
e ouve
a forte e inebriante
canina respiração
um som, como um mantra
uma canção
um mínimo movimento e ele
levanta a cabeça

percebe sua agitação
desperto, atento e alerta
guardião
ele também percebe a tristeza
lá dentro do coração

isadora chora baixinho
insiste a solidão
o cão não a abandona
fiel compaixão

isadora e seu cão
café da manhã, leite
cansaço e pão
o trabalho não espera
atrasada
corre até o lotação
na janela um olhar de despedida
se tivesse,
acenaria com sua mão

espera à noite
a sua volta
carinhos afagos
e um prato de ração
a cumplicidade silenciosa de
isadora e seu cão

melhor amiga

se alguém disse
que eu te amava
mentiu
inventou
deduziu
viajou
e sendo agora totalmente honesto
isso um dia foi verdade
mas eu parei
desisti
bastou para mim
e preferi deixar assim

eu poderia te abraçar
amar de um jeito infantil
tolo e superficial
será que isso é possível?
será que isso pode ser real?

se a sua melhor amiga
disse que eu te desejava
ela te traiu
aprontou
iludiu
enganou

sendo agora
brutalmente honesto
se um dia houve a chance disso
voltar a acontecer
ela hoje
não existe mais

eu parei
desisti
bastou para mim
prefiro deixar assim

pobre céu

pobre céu
escuro fechado
estrelas escondidas
segredos guardados
silencia

sério céu
secreto convite
íntima demanda
ao sono ordena
letargia

a lua rebelde
ilumina cheia
contraria a noite
sugere a você
o dia

vítimas
as nuvens aliadas
sombrias do breu
que com o vagar
entorpecia

semi-inconsciente
pairava entre
o sono e a vigília
uma horizontal
agonia

numa batalha perdida
assim parecia
a lua resistia
nociva desenhava
a neblina

a janela aberta
no quarto escuro
escotilha tímida
testemunha do claroescuro
da guerra fria

um empurrava ao torpor
o outro justificava a vida

bem-vinda a trégua
a madrugada finda
azar o seu
se os efeitos da disputa
atravessam
o dia

não há quem resista

coffea cruda

o café cru
inimigo do sono
diabo negro
aguça os sentidos
bandido criativo

ideias se amontoam
através da noite
parecem brotar
atividade em cadeia
como uma fila de coreanos
a empurrar uns aos outros
saindo do nada
chegando ao lugar-comum
pensamentos
que se agitam e saltitam
como um vizinho
cantando e dançando
sobre nossas cabeças
fazendo festa
no apartamento de cima

basta apenas
uma xícara
se quiser
você engole ou mastiga
e fica
super sensível
qualquer ruído
seja um mosquito
vira um avião
super sônico

qualquer contato
vira um golpe
qualquer toque
fica dolorido
descontrolado
agressivo

nada disso!
a homeopatia elucida
a personalidade misteriosa
do coffea cruda

ele traz alegria
na certa medida
pois até mesmo
alegria de mais
a saúde
prejudica

aponta o caminho
na busca constante
do perfeito equilíbrio
cavaleiro astuto

mas dessa medicina
– e da outra também –
sou apenas um leigo interessado
onde a cura e seus elementos
são personalidades
entidades
e assim são tratados
explicados
compreendidos
e o remédio não é mais
algo sólido ou líquido
é quase um amigo
que consola
e tem seus caprichos

mas se não é bem esse
o raciocínio
pelo menos nele encontro
abrigo
passo a noite acordado
mas o coffea cruda
se preocupa comigo
e como um pai
rígido e impositivo
em algum momento
me fará dormir
ou vai me pôr de castigo

de trás para a frente

seguro o jornal de ontem com a umidade de hoje
sujando de tinta minhas mãos trêmulas
parti da primeira página
tomei o rumo do fim e voltei ao início
algumas dezenas de vezes repeti isso
enquanto mordia a almofada da mão contorcida
depois as unhas e logo a dobra dos dedos
pudesse morderia até o cotovelo

lia e relia
na ida as manchetes
na volta as notícias maiores
na ida os olhos corriam nas fotos
na volta buscavam um rosto
um alguém conhecido um amigo
folheava e mordia da frente para trás
de trás para a frente
em lenta e dentada agonia

o jornal as páginas o papel
nem barulho mais faziam
foi tanto amassar tantas idas e vindas que ele emudeceu
as notícias escorriam cansadas entre os dedos mordidos e as
unhas roídas
deixe-me em paz!
você já me leu até as entrelinhas e isso é falta de respeito!
me sinto irreversivelmente nu! – vociferou o jornal
resolvi parar nas palavras cruzadas e cruzei os braços
repousei o cara-impresso-irritado aberto entre as pernas e
busquei uma caneta no criado-mudo

brasil na vertical
saúde na horizontal
substância mortal com seis letras
pedra no _ _ _
eu ri dizendo sim
ela em inglês
capital do egito

me aborreci e fechei o jornal
dobrei com cuidado
em silêncio para não o acordar e
apaguei a luz
pelo menos um de nós dois iria descansar

cinco anos

para Antônio Prata

angústia escuridão
fantasmas imaginação
não esperava encontrar apagada a luz do corredor

vontade de fazer xixi
não me deixou dormir
abri os olhos mas parecia que eles continuavam fechados

estava tudo preto
eu nem enxergava o teto
e a minha mãe dormia que era uma pedra ouvi ela roncar

eu não queria chamar
tinha medo de levantar
a cama é alta e as minhas pantufas já escaparam de mim
uma vez

eu tento segurar o mais que posso
parece que vai explodir o meu negócio
pinto passarinho que seja! que bom que ele voasse sozinho
pro banheiro

vou tentar dormir de novo pra esquecer
contando carneirinhos como nos desenhos da tv
1, 2, 3, 4 e 5... 1, 2, 3, 4 e 5... 1, 2, 3, 4 e 5... é só até onde eu sei

assim repetindo eu não saio do lugar
não tô bem preparado nem para contar
o que dizer pra ser adulto o suficiente pra segurar tanto xixi assim

já sou um homenzinho sempre fala o meu pai
e como ele explica então a lágrima que agora sai
minha coragem tem limite e o berreiro foi o último recurso do guerreiro

a luz acende e minha mãe levanta
e nem assim a choradeira estanca
tenho pressa! ainda quero evitar a suprema vergonha de molhar a cama

quem foi que apagou a luz?
eu quero fazer xixi?
cadê minha pantufa?
não consigo dormir?
dá pra você parar de rir?

eu volto aliviado
meu pinto esvaziado
o quarto pouco iluminado e o corredor nem me deixa mais assustado

enquanto isso, em liverpool

john foi o primeiro
soprou a melodia
em meus ouvidos distraídos
um distante *working class hero*

lennon puxou o fio do novelo
que começou a se desenrolar
new york city numa ponta
liverpool lá na outra

eu não era um herói
o cansaço de um longo dia de
trabalho árduo e honesto
não foi suficiente pra me derrubar

a música cumpriu seu papel
me fez viajante
mente borbulhante
how do you sleep?
a canção era um desafio
à paz de espírito de
um paul afastado ilhado
me serviu a carapuça

um dia na vida
um despertador
no meio do caos
um sinal no meio de tudo
a voz macia
me ordenava
pular da cama
ajeitar o cabelo
e tomar um café
mas já?

quando o dramático refrão
veio me assombrar
terror!
o sol já vai chegar!
insistia harrisson
o predileto de muitos
de minha amiga de minas
sem dúvida

o subestimado
arauto do astro-rei
me apertou o peito
sua linda canção
pesou tal qual uma
prensa de ferro-velho
me fazendo afundar
no colchão

pânico de não dormir
atravessar o dia
como um zumbi

me socorreram as estrelas
sir ringo starr
suave e divertido
tripulando um submarino
para muitos apenas
um par de baquetas e
tambores sem importância
nada mais do que
um quarto de quatro
nada de mais

para mim foi poderoso
lírico e sereno
ecoou em minha cabeça
sua voz macia
palavras mágicas
now it's time to say
Goog night

já era tempo!

calortango

um tango rápido
violinos serpenteando
insinuantes sobre a melodia
assim as gotas de suor
escorriam sinuosas
entre os cabelos
desciam até o pescoço
brotavam da nuca e depois
em queda até as costas e depois
às vezes até o peito

cidade quente como nunca
calor noturno parceiro perfeito
saudades do vento sul
as lágrimas brotavam
até o nariz e depois
até os lábios e depois
às vezes até o queixo

a janela aberta
um convite à brisa
à entrada de um morcego
ao alívio improvável
se fumasse
acenderia um cigarro
mentolado
pelo menos teria
um companheiro
para atravessar a noite

pensei outra vez
em um tango trágico
preciso e sutil
d'arienzo demais
piazzola de menos
calor embaçado
na janela escura
aberta moldura
cortinas imóveis
são meus olhos
secos
não suam
embaçam

uma hora a mais
um grau a menos
tudo se move devagar
até o ventilador
em meia fase
o relógio sua
dalí derrete

as contas a pagar
fantasmacalorizam
não sei se sonho
ou delírio
um rio uma tormenta
água abundante
cuesta abajo*
el aguante**

meu corpo afunda
na cama engastado
nas costas o suor brotado
colado no lençol surrado
nossas pernas trançadas
um tango dançado
em pânico acalorado
mas nem assim
nos afastamos
amantes
aguantes

* *costa abaixo*
** *aquele que resiste, que tem força para aguentar*

piedade

a morte
é um tipo de sono sem piedade
sendo assim
prefiro a insônia

não quero fechar os olhos
dormir para sempre
perder as manhãs de sol
e o vento nos cabelos

a insônia da morte
não me pertence
nenhum café preto
por mais forte que seja
nenhuma ansiedade
incurável crônica constante
podem me afastar desse sono

para uma vida longa e saudável
é aconselhável
que se cultive bons hábitos
entre os quais
dormir bem e sossegado

que ironia!
nessa insônia
dormir bem
é manter-se acordado

as leis da física

você pensa antes de falar?
você abre a boca pra pensar?
se cada coisa está em seu lugar
você imagina como elas foram
parar lá?

e todas as noites
antes de deitar
você pensa
como sua vida está?
e planeja o que pode fazer
para ela melhorar
cada dia
um pouco mais

depois de despertar
você gosta
do que o espelho tem para mostrar?
ou você acha que
tudo o que vê
deve mudar?

seus pensamentos
seus sorrisos
suas dúvidas
sua vida

ela não é pré-definida
as verdades não são perfeitas
nem toda rua é sem saída
com o destino não se negocia

seus sentimentos

seus motivos

suas lágrimas

seus dias

olhos esbugalhados de dalí

a ausência de gala
a imensa cama
semi vazia

jamais quis distorcer o tempo
apenas derreter relógios

o tempo estagnado
longas noites de tortura
não bastasse a solidão
agora há a impossibilidade
da vida por completo

a mão desliza
lençois de seda
maciez sem conforto
leveza e suavidade frias

dalí atravessa noites
tigres e noites
olhos esbugalhados
tristeza profunda
gala se foi
e ele ficou à mercê
da pneumonia oportunista

última estação

esta terra tem sonhos
tem sombras
sobre ela repousa
o trabalho de milhares de mãos
um ciclo sem fim
de escuridão e de luz

o viajante solitário
não espera a hora do descanso
a natureza
é mulher de vida fácil
vida onde nada é
realmente fácil
ilusão
mas ela já passou
por tantas coisas
tantas fortunas infelizes

e aquelas milhares de mãos?

algumas a trataram
com respeito e devoção
outras a fizeram
impura
desejar a chuva
sonhar com um dilúvio

tanto respeito
tanta fé
na evolução
tudo isso ficou para trás
na última estação

clichê vulgar

quem pensa
não ama
quem ama
deseja
que assim seja
com tudo isso e mais
o que depois virá

querer e amar
é um clichê vulgar
sei que você
prefere o sexo
básico imediato
primitivo fundamental
esse é o nexo
mais claro e fugaz
e mais fácil
de explicar

de que você tem medo?
o amor não tem idade
ele pode começar cedo
inesperado
um cinematográfico
amor de verão
para o sexo sim
existe um tempo
um limite

no amor
o limite é o quanto
está preparado
seu coração

quem pensa
não ama
quem ama
pode sofrer
isso é viver
sempre existe
um depois

desista!
nem todos os poetas do mundo
conseguiram explicar
sem erros
com exatidão e
unanimidade
qual é o verdadeiro
significado do amor

mais um clichê
uma dúvida revisitada
surrada
batida

sentado no telhado
divago
sinto o vento
vejo a chuva
deixo que ela molhe
me encharque
até os ossos

do outro lado
na outra rua
a sua casa
iluminada
distante

um céu escuro
pesado
paira sobre mim
telhas úmidas
preciso ter cuidado
a chuva borra
minha visão das
luzes da sua casa
preciso ter cuidado
posso escorregar
e cair

a queda
eu prefiro chamar
de amor

a reinvenção do mundo

um belo dia
a casa cai
sem motivo
sem razão
sem um porquê
o mundo em volta
já não dá mais
pra entender

tudo aquilo que você acredita
tudo que os seus pais ensinaram
durante toda a sua vida
o que é justo e perfeito
a medida exata
o que é correto e direito
parece que não tem mais nenhum valor

de repente
você está de pernas para o ar
o que era sólido e certo
não dá mais para explicar
o ar aperta seu peito
nada funciona do seu jeito
você não sabe mais
em quem confiar

só resta se reinventar
lá dentro
em você
lá no fundo
onde está
o princípio do mundo
a resposta de tudo
se vai voltar
ao seu devido lugar?
lá dentro
em você
a resposta de tudo
fundo

caso raro

eu sou um caso raro em sua vida
um espaço vazio em seu armário
um livro sempre fechado
um sentimento sempre guardado

você trouxe um sorriso nesse dia
e deixou perfume entre os lençóis
você mostrou um mundo novo
um rumo que eu não conhecia

chegou o amor
disfarçado de necessidade
chegou o amor
escondido entre a cura e a
felicidade

preciso aprender
a ser feliz
com muito pouco

não sei se eu
preciso mesmo
de tudo isso

nem mesmo sei
se eu preciso
de tudo um pouco

eu sei que
desejar de tudo
é ficar louco

não sei se eu
preciso ter com você
um compromisso

pelas perucas
de andy warhol!
a arte das coisas simples

perfeita companhia

aqui de cima do telhado eu vejo lua, vejo espaço
e mais um pedaço de sua casa a brilhar
esta noite posso ver estrelas
e as telhas estão seguras e secas
não há por que se preocupar
eu não vou escorregar

se você vai demorar
eu espero aqui em cima
vendo estrelas e luar
minha perfeita companhia
vou esperar

aqui de cima do telhado eu vejo rua, vejo asfalto
e os carros de farol alto a me cegar
esta noite só enxergo nuvens
aqui de cima do telhado eu sinto o vento e a chuva
no céu escuro e pesado a se aproximar
as telhas vão ficar úmidas

no campo

desce o sol
começa o som
atinge a noite
e os meus ouvidos
mais que zumbidos
ruídos de grilos
indecifráveis
indefinidos
como se fosse
um riso
à moda dos bichos

na cama eu chego
o sono persigo
por ele
eu brigo

e aquele inseto
segue seu ritmo
um cri cri cri cri
cri infinito
é para mim um suplício
mas eu não relaxo
não desisto

cri cri

cri

cruz

credo

na cidade

desce o sol
e a gente nem vê
não percebe
a não ser quando começa
a sentir medo
das ruas mal iluminadas
dos sons que amedrontam
perturbam
indefinidos
blecaute
sons numerados
nas placas de carros

na cama eu chego
do sono desisto
e aquele inseto
segue seu ritmo
distante de mim
em algum lugar
verde do mundo

sinto saudade

cri cri cri

cri cri

sim

som

a porta embriagada

ganhou a rua e a calçada
e dela já não esperava mais nada
nem uma gota de bebida em casa
fugiu deixando a porta trancada

já era tarde e *bem capaz* que bar aberto
ainda encontrasse naquelas paradas
esquecidas de deus e do diabo
entupidas de esquinas vazias

não sentia medo mas ainda assim fugia
olhar para trás não adiantava
não tinha serventia
quem ele mais temia ele sabia bem
onde estava
onde encontraria

abaixo da cabeça e do pescoço
arriba da barriga oca que roncava
não era truque nem magia
pessoa serrada ao meio
alma penada reencarnada
era ele mesmo o coisa ruim
o mão pelada

de assombração nem se falava
as pernas apressavam o passo
e na sombra a figura o perseguia
o próprio homem com medo
do homem que se escapava
e quase corria não sabendo
para onde ia ou
de onde vinha
esse novo medo
onde ele se escondia

uma matilha de lobos
uma revoada de corvos
um turbilhão de baratas
brotando das latas de lixo
nem pesadelo pensado
mas uns pensamentos
pesados que só o diabo
óia o danado dinovo!

mais rápido ele fugia
bar nenhum e nenhuma bebida
em seu caminho surgia
entorpecer a mente ele
ainda carecia
mas do jeito que estava
em pouco tempo ele morreria
ele temia
e como temia

era tanto medo que
cruzcredo!
ele mesmo produzia
que até se surpreendia
de onde saía tanta ousadia
tanta maledicência
tanta agonia

era uma coisa que por dentro corroía
como uma fome que nada sacia
uma loucura que só aumenta
tomando conta de tudo
que até a perna direita
já tremia
não se sabe se de cansaço
ou hipotermia
já falei do frio que fazia?

agora ele escancarava!
dava bandeira e corria
mas tinha a louca certeza
de que do mesmo lugar não saía
se abrisse a boca gritaria
mas aí seria pânico
e o descontrole por certo
chegaria

não sabe por quantas horas
correu andou e voltou a correr
quando cansou
desistiu

não chegou a chorar
não era o caso
mas foi quase
quando olhou para o lado
e lá estava ela
a porta de sua própria casa
parada
olhando de volta
parece até que sorria
ameaçava se abrir
se escancarar como
uma boca sem dente fazia
então era hora
disso ele agora sabia
nada mais poderia fazer
a não ser entrar
até a cama se arrastar
sem uma gota de bebida
sem solução
sem saída
cairia nos braços
de seu maior inimigo
e sem resistir
dormiria

mãe à espera

ficava sentada
à beira da cama
luzes apagadas
porta entreaberta
suspeita fresta
estreita visão
da sala mal iluminada
como num filme de suspense

as horas passavam
como um vulto
um fantasma
produto de olhos
cansados e certamente
aflitos

ele poderia ter ligado
ter dado uma satisfação
feito uma previsão
uma hora aproximada
de quando poderia
voltar para casa

mas isso na verdade
não mudaria nada
a vigília
a espera
uma mãe que atravessa a noite
acordada

talvez até fosse pior
esse antes e depois
cercados de expectativa
a hora prevista
marcada
faria maior ainda
o aperto no peito
cada minuto de atraso
na angústia da chegada

viver onde ele vivia
fazer o que ele fazia
agir como ele agia
uma cabeça um tanto vazia
uma história de excessos
fábula de loucuras
eram a sua tortura
os componentes
para que ela
esperasse como ela esperava
se preocupasse como ela
se preocupava
chorasse
como ela chorava
sentada à beira da cama

noite ilustrada 113 thedy corrêa

tantas histórias diferentes
tantas mães e lugares
são outros filhos ou filhas
outros cenários e elementos
só não mudam
as noites aflitas
os vultos rápidos
os medos insistentes

tantas mães
tantas histórias
em lugares diferentes

necessidade

para o Zé Adão Barbosa

do quarto para a sala
e então a mesa e o sofá
vasculha a xícara
precisa de mais
café forte sem açúcar

da sala para a cozinha
na mesa um cigarro
acende
caminha
encontra o filtro branco
pó
de café
água e o botão vermelho da cafeteira
volta para sala e o sofá
espera
angústia acende outro cigarro
e outro e logo mais outros

não é vontade
ou pura e doentia rotina
é necessidade
urgência
trabalho e subsistência
escrever e produzir palavras
textos roteiros diálogos
palavras amontoadas
e para isso as madrugadas

perfeitas
para ler filosofar
música ouvir
baixinho para não incomodar
vizinhos
que já devem estar
no décimo sonho

perfeita para
pensar compor ler estudar
escutar a inspiração
que chega arrastando os pés
de mansinho
e então abracá-la
senta! quer um café?
e com ela escrever escrever escrever
e produzir reproduzir amontoar palavras
perfeita a madrugada

foram anos a fio
quarto sala mesa sofá cozinha
sofá derrota
às vezes sem companhia
café litros
cigarros maços
desistir não desistia
só quando a lua colocava pijama
e dormia
e se a inspiração não aparecia
– coisa que cada vez com mais frequência
acontecia –
ele também dormia
ali mesmo no sofá
e para a cama
só depois do meio-dia

anos a fio
virou o fio
perdeu o fio da meada
foram tantos cafés
que já não adiantava mais
então vieram os banhos frios
pílulas
lágrimas
angústia desesperada
quilômetros percorridos
quarto sala cozinha
banheiro sacada fumaça
tragada escada baforada
tanto trabalho a fazer
tanta coisa para escrever

até que um dia
uma noite
madrugada
ele cansou
secou
murchou
desesperou

queria voltar
mudar
ressurgir
desangustiar
viver

então o itinerário mudou
banho quente
cozinha sala sofá quarto cama
pílulas leite morno
luz apagada
parou de fumar

mesmo sem acreditar em deus
até rezar rezava

santo anjo do senhor
dos meus sonhos protetor
em nome do pai
do filho
do espírito insano
além

um pedido

nasceu em uma oração
uma prece que virou um pedido
que ele resistisse e ficasse
mais uma noite comigo
mas não uma noite qualquer
como toda a noite é igual
era um desejo específico
que fosse mais uma
talvez a última
noite de natal

então éramos três
a mãe além de nós dois
e ficou tudo acertado
pois o pedido rezado
havia sido atendido
e mesmo que fosse
um branco quarto de hospital
tudo seria muito divertido

houve ceia e peru
espumante e presentes
e quando o cansaço bateu
um bom filme que já havíamos
mais de mil vezes visto
mas que ainda era bom
e que muito sentido fazia
o velho scrooge e o espírito
dos natais passados
o fantasma dos natais futuros
e a redenção antes do fim de tudo

hospital mãe de deus
bairro menino deus
deus deus e mais deus
tanto mas rezar já não adiantava
duas camas uma cadeira
sentado em frente a janela
para atravessar a madrugada
enquanto eles dormiam
eu olhava o natal
se esvaindo na rua
e pra mim apenas isso
já bastava

parque de diversões

01:00 a.m.
ouço gritos
ao longe
um parque de diversões

os ruídos
tantos
na praia o vento traz

roda gigante
distante
alto do chão avista o mar

02:00 a.m.
não há trégua
fecho janelas
persianas e cortinas

montanha-russa
escuto claro
aflita a criança grita

as luzes coloridas
não se apagam
riscam o céu como um flash

04:00 a.m.
carro passa
volume absurdo
batidão, funk, ostentação, depressão

travesseiro
sobre a cabeça
cobre os ouvidos mas quase sufoca

04:17 a.m.
chapéu mexicano
roda e inclina
enjoa a menina a música gira

05:00 a.m.
o verão não alivia
mesmo à noite
é quente e castiga

o silêncio não vem
maresia
sub-grave o funk insistia

pior! ele se aproxima!
é o vizinho
a casa do lado trepida

08:00 a.m.
parecia impossível
a quietude
mas ela se apresenta
e o calor aumenta
vem receber o sono
incontrolável
que chega
tarde demais

08:01 a.m.
hora de levantar
o café está na mesa
e vai esfriar

brasília

viajante sente tudo distante
passante caminha bastante
governante animal pensante
imigrante trabalhador errante

tudo parece solidão
ruas vastas
para onde vão?
monumento amplidão

um quarto de hotel
ouvem-se os carros
alguns poucos esparsos
madrugada
a televisão do vizinho
invoca jesus
aleluia! aleluia!
em altos brados
o cara não se toca
ele não está em todos os lugares?
então não precisa ouvir tão alto!

ambulâncias sirenes
silêncio não há
asa sul
asa norte
trânsito de pessoas
tráfico de influência
sonhos despedaçados
é tanto lugar-comum
nesse lugar
fora do comum

o oco do mundo
um buraco sem fundo
de caminhos sem rumo
e a beleza nas curvas
retas e volumes de niemeyer
e seus charutos
quantos para criar isso tudo?

praia

memórias que não são minhas
que uso de um jeito indecente
como um frasco de perfume vazio
um resto um dejeto uma sobra de lembrança
destampada em despedida
desesperada caída evaporando
no esquecimento iminente
e em breve será
pouco mais que nada

memórias de uma natureza violenta
de sorrisos diurnos e
gargalhadas ao amanhecer

a praia deserta em silêncio
no inverno

a cômica diária histérica tragédia familiar
no verão

memórias de infância
que vem e vão
e eu já nem sei mais se vivi
sonhei ou
desejei

Ilustrações

Estevão Camargo (p. 113) é de São Gabriel, RS. Exímio guitarrista, músico convidado no grupo Nenhum de Nós como baixista e, além de tudo, um grande artista plástico.

Fábio Santos (p. 107) é representado pela Galeria de Arte Mírian Badaró, em Taubaté (SP). Ilustrou peças publicitárias no Vale do Paraíba. É colaborador do site Rockflu, idealizado por torcedores do Fluminense Football Club. Leciona arte para crianças e adolescentes numa fundação em São José dos Campos (SP).

Fernando Gil (p. 92) é um apaixonado por quadrinhos e animações desde criança – e transformou cedo o hobby em profissão. Participou, entre outros, do álbum de quadrinhos *Retro City: Almanaque 1939*, ilustrou os livros da série *Ficção de Polpa*, os cards colecionáveis dos personagens Marvel e estampas para produtos oficiais da banda Nenhum de Nós.

Geraldo Borges (p. 48) já desenhou as revistas da *Liga da Justiça*, *Mulher-Maravilha* e *Aquaman* para a editora americana DC Comics. Com Thedy Corrêa, produz a revista *Saci, Escurinho e Cia*, para o Sport Club Internacional. É proprietário do Quadrinhos Estúdio e Escola de Desenho, em Natal-RN.

Gustavo Duarte (p. 80) é cartunista e quadrinista, formado em design gráfico. Colaborou e colabora com diversas publicações da imprensa brasileira desde 1997. Como quadrinista é autor de seis álbuns: *Có!* (2009) / *Taxi* (2010) / *Birds* (2011) / *Monstros!* (2012) / *Chico Bento – Pavor Espaciar* (2013) / *13* (2013).

Iran Moreira (p. 62), 1959, Porto Alegre. Publicitário, artista plástico, trabalha e reside em Porto Alegre, onde segue correndo o risco.

João "Azeitona" Vieira (p. 20) trabalha na DM9Sul, em Porto Alegre, como ilustrador. Publicou em 2014 nas editoras americanas IDW e Boom Studios. Nesta última desenhou a revista *ROBOCOP: Memento Mori*, que já tem versão brasileira.

Luke Ross (p. 53) é o pseudônimo do brasileiro Luciano Queirós, que desenha desde os anos 90 para o mercado americano de quadrinhos, em editoras como DC, Dark Horse, Image e Marvel, onde hoje é um artista exclusivo.

Marcelo Braga (p. 65) é desenhista por vocação, ilustrador por profissão. Fã de quadrinhos, trabalha na Macacolândia, onde atende agências como Y&R, Almap BBDO, DPZ, Lew Lara TBWA, DM9 DDB, entre outras. Colabora com os sites CoxaCreme e Omelete. Tudo o que sobra das ideias, rabiscos e esboços, envia para seu blog, o Diburros.

Mike Deodato Jr. (p. 26) nasceu em Campina Grande, PB, em 1963. Em 1991 começou a desenhar quadrinhos para o mercado norte-americano. Já desenhou para a maioria das editoras americanas. Atualmente trabalha na série *Original Sin*, para a Marvel Comics e produz material autoral no seu blog Quadros (www.mikedeodatoquadros.tumblr.com)

Rafael Albuquerque (capa e p. 30) é um quadrinista gaúcho que publica, desde 2003, nas grandes editoras dos EUA. Em 2011 venceu, juntamente com Scott Snyder e Stephen King, os prêmios Eisner e Harvey por *Vampiro Americano*. Mora em Porto Alegre, com sua esposa, a fotógrafa Deb Dorneles, e seus dois cães.

Renato Guedes (p. 41), ilustrador e artista plástico; trabalhou como quadrinista nas empresas DC Comis e Marvel Comics, desenhando títulos como *Superman, Wolverine, Avengers, Constantine, Smallville*, entre outros. Hoje se dedica a ilustração, projetos pessoais e artes plásticas.

Rogê Antônio (p. 37) trabalha com quadrinhos e ilustração para o mercado nacional e internacional desde 2008. Lecionava "Curso de Desenho" da Quanta Academia de Artes – Unidade Porto Alegre e trabalha na graphic novel *Descobrindo um Novo Mundo*, para a Editora Nemo.

Rogério Vilela (p. 84) é humorista, desenhista, roteirista, quadrinhista, ator e dublador. Entrou pelas portas do humor através do desenho, publicando tiras de quadrinhos na Folha de S. Paulo. Teve, então, vários trabalhos editados no Brasil e exterior. À frente da produtora de conteúdo Fábrica de Quadrinhos ganhou vários prêmios e criou, entre outras coisas, o Mundo Canibal, que dirige e apresenta no Multishow.

Para saber mais sobre nossos lançamentos, acesse:
www.belasletras.com.br